谜一样的海盗

海盗的历史与传说

〔英〕安妮·鲁尼 著 〔英〕乔·威尔森 绘

陈阳 译

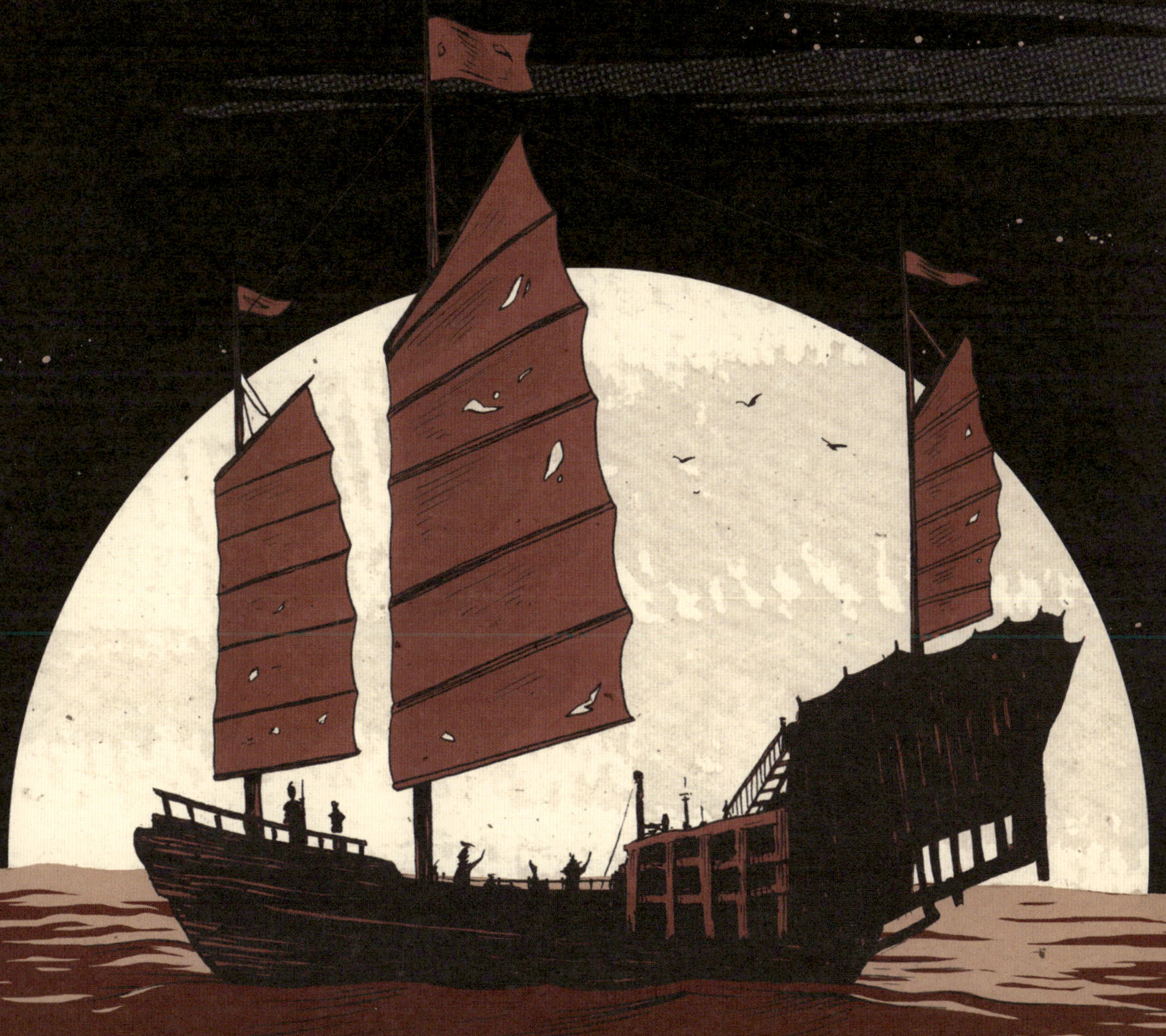

未小读
UnRead Kids

北京联合出版公司
Beijing United Publishing Co.,Ltd.

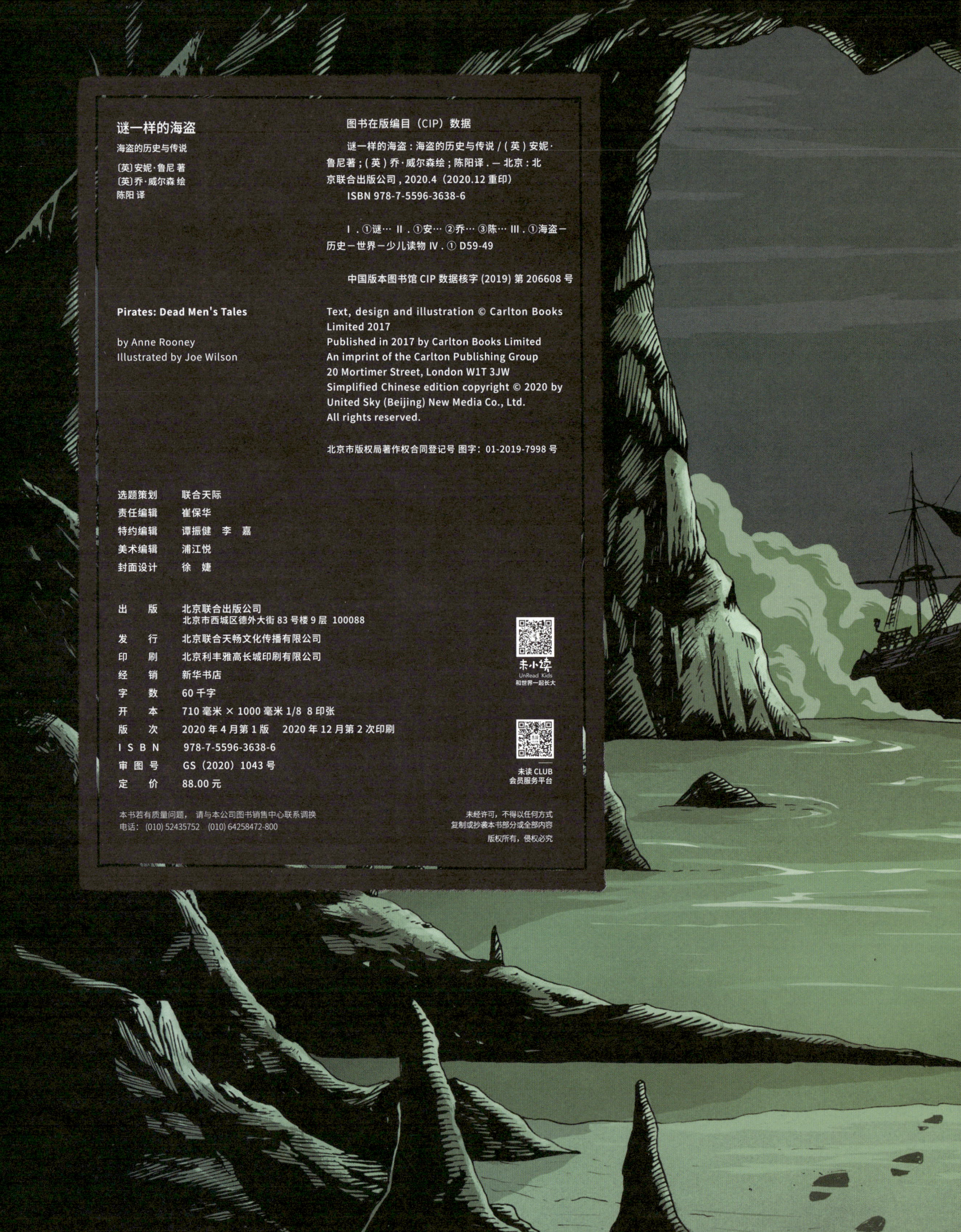

谜一样的海盗
海盗的历史与传说
[英]安妮·鲁尼 著
[英]乔·威尔森 绘
陈阳 译

图书在版编目（CIP）数据

谜一样的海盗：海盗的历史与传说/（英）安妮·鲁尼著；（英）乔·威尔森绘；陈阳译. — 北京：北京联合出版公司, 2020.4（2020.12重印）
ISBN 978-7-5596-3638-6

Ⅰ. ①谜… Ⅱ. ①安… ②乔… ③陈… Ⅲ. ①海盗－历史－世界－少儿读物 Ⅳ. ①D59-49

中国版本图书馆CIP数据核字（2019）第206608号

Pirates: Dead Men's Tales
by Anne Rooney
Illustrated by Joe Wilson

Text, design and illustration © Carlton Books Limited 2017
Published in 2017 by Carlton Books Limited
An imprint of the Carlton Publishing Group
20 Mortimer Street, London W1T 3JW
Simplified Chinese edition copyright © 2020 by
United Sky (Beijing) New Media Co., Ltd.
All rights reserved.

北京市版权局著作权合同登记号 图字：01-2019-7998号

选题策划	联合天际
责任编辑	崔保华
特约编辑	谭振健 李 嘉
美术编辑	浦江悦
封面设计	徐 婕

出 版	北京联合出版公司 北京市西城区德外大街83号楼9层 100088
发 行	北京联合天畅文化传播有限公司
印 刷	北京利丰雅高长城印刷有限公司
经 销	新华书店
字 数	60千字
开 本	710毫米×1000毫米 1/8 8印张
版 次	2020年4月第1版 2020年12月第2次印刷
ISBN	978-7-5596-3638-6
审图号	GS（2020）1043号
定 价	88.00元

未小读
UnRead Kids
和世界一起长大

未读CLUB
会员服务平台

本书若有质量问题，请与本公司图书销售中心联系调换
电话：(010) 52435752 (010) 64258472-800

未经许可，不得以任何方式
复制或抄袭本书部分或全部内容
版权所有，侵权必究

谁想当海盗?

在家乡的艰辛生活面前,充满财富、冒险和异域风情传说的海盗生活总是显得更吸引人。但实际情况是怎样的呢?

我所了解的海盗生活

一名海盗出一趟海赚到的钱,要比他老老实实的朋友一辈子赚的还多。然而,海盗在过去和现在都是凶恶的罪犯,他们的残暴众所周知,令人生畏。海上的生活是非常危险的,在过去,海盗追捕者、海难、疾病和战斗的风险让多数海盗都走向英年早逝的结局——他们为了海盗的前途付出了昂贵的代价。

谁是海盗的猎物?

有些海盗,比如北欧维京海盗,会袭击陆地,有时是在晚上悄悄突袭,有时是在光天化日之下发起全面的暴力攻击。还有一些海盗会在海上攻击船只,他们利用快速敏捷的小船打劫满载货物的商船,甚至还会抢劫小渔船与当地商贩的食物和工具。

在海盗的黄金时代,最容易被盯上的目标是载有宝藏的西班牙大帆船和装着丝绸、象牙、玉石、珠宝的商船。海盗会洗劫货舱甚至整艘船,屠杀、绑架或者驱逐船员。

所有的海盗都是罪犯吗?

并非所有海盗都是自愿加入的。有些人从被抢劫的船或者小镇上俘虏而来,被迫当海盗,否则就要面临死亡或者成为奴隶。在某些地方,渔民和樵夫会在缺活的时候转行做海盗。

许多海盗以私掠起家,他们受雇于在海上或陆上攻打某个国家的敌人。如果统治者和敌方言和,私掠船员们就失业了。由于烧杀抢夺是他们唯一熟悉的事情,所以他们会选择继续做下去,不过此时他们的身份转换成了为自己的利益而拼命的海盗。

最初的海盗是什么人?

也许自人类第一次造船航行于全世界的水路时,海盗就出现了。众所周知,在公元前694年,就有一位亚述国王试图清理波斯(如今的伊朗)附近海域的海盗。

海盗也折磨过古埃及、古希腊和古罗马人,中国和印度周围的海域也被他们威慑了几千年。他们有的是业余海盗,以小编队行动或者只有一艘小船;有的则属于大型海盗船队。

海盗的黄金时代是什么时候?

大家熟知的海盗——那些电影和故事里的传奇英雄——都是黄金时代的海盗。在十七八世纪时,欧洲和北美的海盗在加勒比海、印度洋、中国附近海域和地中海肆虐。他们寻找黄金,挂着海盗旗航行,有着"黑胡子"和"恶魔船长"这样的名号。传说还在继续,但现实并非如此光鲜。

关于海盗的谣言

海盗有木腿、眼罩、鹦鹉和藏宝图,他们会逼迫敌人走跳板。真的是这样吗?其实大部分都说得不对。

很少有海盗能经历重伤而活下来,而残疾的海盗会过得很辛苦。失去一只眼睛或者一条腿的海盗通常都死了,或者退休了。海盗很少把偷来的宝藏埋起来,他们也不会逼别人走跳板——把他们直接扔下船要简单多了。不遵守海盗法典的海盗受到的惩罚更加严厉。

有些海盗把鹦鹉从南美或者非洲运过来卖——它们很值钱。但是在一艘载满饥肠辘辘的海盗的船上,一只宠物鹦鹉不会活得太久。

地中海的掠夺者

16世纪时,地中海是一片危险的区域。一次跨海的航行,甚至一次沿着海滩的散步,都可能终结于人称"巴巴里海盗"的俘获。

合法的海盗?

在欧洲,长达三百多年的时间里,残忍可怕的巴巴里海盗在地中海巡航并攻打陆地,不仅掠夺金银财宝,还捕捉俘虏。

巴巴里海盗是私掠船员——他们拥有攻击船只和敌人疆土的官方许可。这种许可来

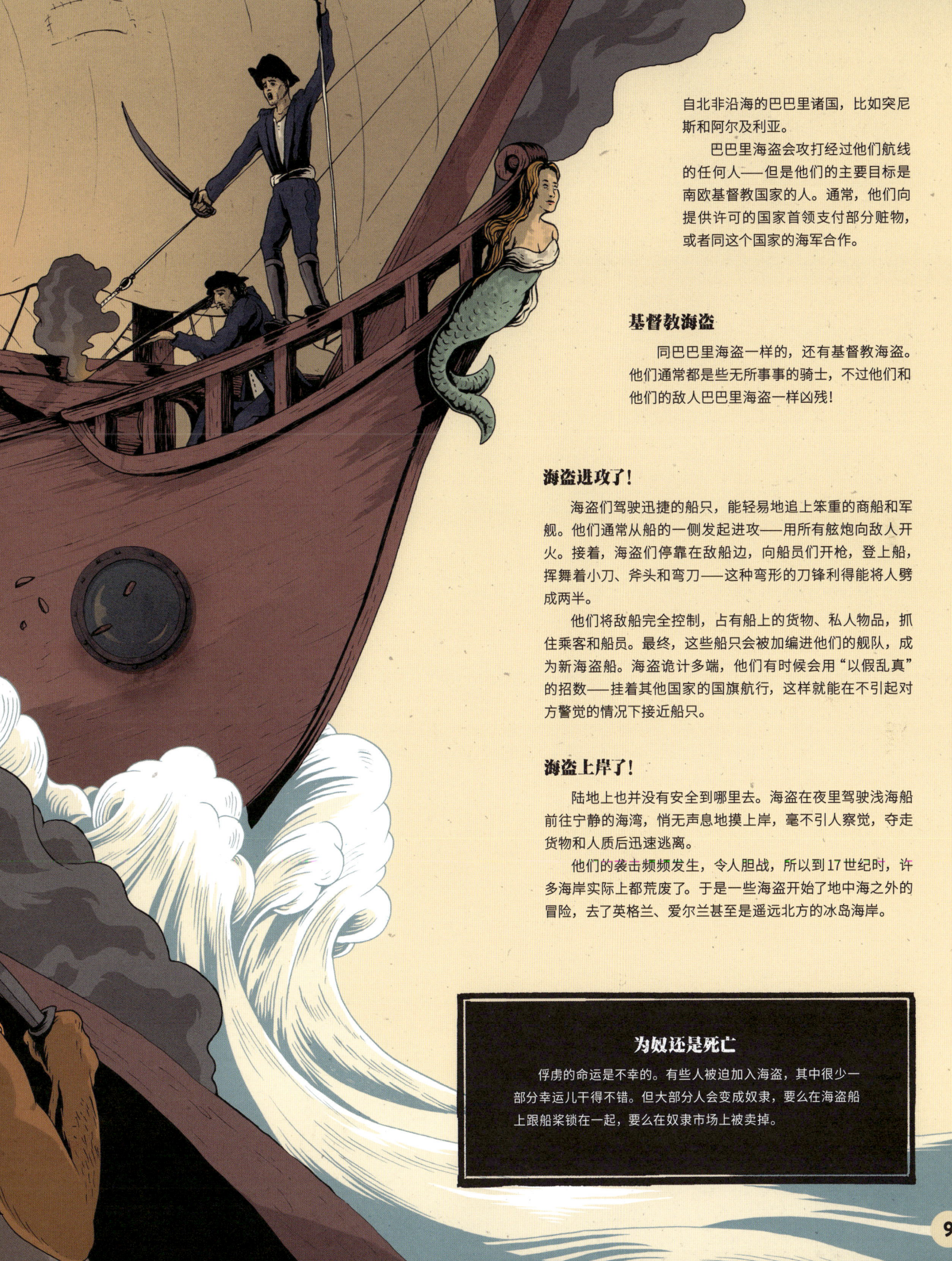

自北非沿海的巴巴里诸国，比如突尼斯和阿尔及利亚。

巴巴里海盗会攻打经过他们航线的任何人——但是他们的主要目标是南欧基督教国家的人。通常，他们向提供许可的国家首领支付部分赃物，或者同这个国家的海军合作。

基督教海盗

同巴巴里海盗一样的，还有基督教海盗。他们通常都是些无所事事的骑士，不过他们和他们的敌人巴巴里海盗一样凶残！

海盗进攻了！

海盗们驾驶迅捷的船只，能轻易地追上笨重的商船和军舰。他们通常从船的一侧发起进攻——用所有舷炮向敌人开火。接着，海盗们停靠在敌船边，向船员们开枪，登上船，挥舞着小刀、斧头和弯刀——这种弯形的刀锋利得能将人劈成两半。

他们将敌船完全控制，占有船上的货物、私人物品，抓住乘客和船员。最终，这些船只会被加编进他们的舰队，成为新海盗船。海盗诡计多端，他们有时候会用"以假乱真"的招数——挂着其他国家的国旗航行，这样就能在不引起对方警觉的情况下接近船只。

海盗上岸了！

陆地上也并没有安全到哪里去。海盗在夜里驾驶浅海船前往宁静的海湾，悄无声息地摸上岸，毫不引人察觉，夺走货物和人质后迅速逃离。

他们的袭击频频发生，令人胆战，所以到17世纪时，许多海岸实际上都荒废了。于是一些海盗开始了地中海之外的冒险，去了英格兰、爱尔兰甚至是遥远北方的冰岛海岸。

为奴还是死亡

俘虏的命运是不幸的。有些人被迫加入海盗，其中很少一部分幸运儿干得不错。但大部分人会变成奴隶，要么在海盗船上跟船桨锁在一起，要么在奴隶市场上被卖掉。

爱尔兰海盗

16世纪60年代：格雷丝·奥马利继承了父亲的海运生意，很快就做起了海盗。她的舰队抢劫商船，要求留下"买路财"才能平安无事地继续上路。

来自远方的威胁

1631年：巴巴里海盗几乎将爱尔兰巴尔的摩村劫掠一空。

偷袭渔民

1640年，彭赞斯：海盗在一夜之间袭击了六艘船，强迫渔民上船做奴隶。

海上遭停

1609—1616年：巴巴里海盗一共劫持了466艘英国船。

危险的海岸

西班牙、法国和意大利的部分海岸线频频遇袭，以至于都荒废了——大家要么逃到了内陆，要么就是被绑架了。

地图图例

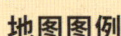 废城

 海盗袭击

 海盗战役

 海盗出没地

海盗经济

1580—1620年，阿尔及尔：海盗是当地最主要的经济活动。巴巴里海盗使跨越地中海的航行难如登天。

举步维艰

海盗轻而易举控制了直布罗陀海峡——它是连接地中海和大西洋的一条狭窄的通路。

断臂海盗

1512年，贝贾亚：奥鲁奇·巴巴罗萨（红胡子）在与西班牙人作战时失去了一只手臂。

海盗大本营

巴巴里海盗在北非沿海的大本营包括塞拉、阿尔及尔、突尼斯和的黎波里。在这里，他们能安然地出售奴隶和赃物。

寡不敌众

1518年，特莱姆森：奥鲁奇·巴巴罗萨在守城20天后，被西班牙、神圣罗马帝国和非洲柏柏尔人的联合军队杀死。

燃烧的船

1803年：美国海军的史蒂芬·迪凯特在夺回了他们的"费城号"后，在突尼斯湾将其点燃，防止私掠海盗把它抢回去。

波罗的海

海盗的狩猎场

三百年间,凶恶的海盗在地中海和大西洋上肆虐,
无论来往船只还是海岸村镇,
一律都不放过。

海盗的狩猎场
三百年间,凶恶的海盗在地中海和大西洋上肆虐,无论来往船只还是海岸村镇,一律都不放过。

利帕里岛
1504年:红胡子兄弟占领了"骑士号"西西里军舰,俘虏了船上的380名西班牙士兵和60名西班牙骑士。

恐怖笼罩的岛屿
1537年,几乎整座科孚岛都被海雷丁·巴巴罗萨洗劫一空。岛上很多人都被抓去做了奴隶。

亚得里亚海

黑海

红胡子的巢穴
突尼斯的拉古莱特是红胡子兄弟的巢穴。他们从这里出发,掠夺地中海,把部分赃物支付给突尼斯的统治者。

奥斯曼帝国的战败
巴巴里海盗的第一个鼎盛时期终结于1571年勒班陀海战中奥斯曼帝国战败。

中

基督教海盗
1522年,马耳他:医院骑士团被巴巴里海盗和土耳其人从罗德岛驱逐,接着在马耳他、戈佐岛和的黎波里建立了基地。他们支付给神圣罗马帝国皇帝的租金是每年万圣节进献的一只猎鹰。

海

岛上碉堡
杰尔巴岛:令人闻风丧胆的红胡子兄弟的另一处巢穴。

十字军据点
至1522年,罗德岛:这里一直是医院骑士团的大本营,此后这个十字军团转做私掠和海盗,掠夺穆斯林船舶。

**红胡子兄弟是地中海最可怕的海盗。
他们出生于希腊的莱斯沃斯岛，
父亲是土耳其人，
他们早年是船员。**

通缉： 奥鲁奇和海雷丁。出生于1474年。活跃于1495—1518年，地中海。
显著特征： 火红的大胡子，银制假臂；大胆、无畏、英勇且嗜血如命。
罪行： 洗劫地中海周边的基督教居民区；侵占基督教民众船只。

变成海盗

那是决定性的一天。在奥鲁奇·巴巴罗萨从的黎波里回家的路上，基督教海盗占领了他的商船。他们杀害了他最小的弟弟，把奥鲁奇在土耳其囚禁了将近三年。重获自由后，他立马展开复仇行动，变成了地中海最可怕的私掠海盗。

兄弟连

一位奥斯曼王子给了奥鲁奇一支舰队并让他与绑架他的医院骑士团作战。很快他就收获了更多的舰船和盟友——也得到了更多敌人。1503年，他的弟弟海雷丁加入了他。作为获得他们三分之一战利品的交换，突尼斯的苏丹把拉古莱特的碉堡送给他们作为基地。

有了私掠海盗的许可，兄弟俩以凶猛恐怖的阵势对航海的欧洲人发起了战争。他们侵占船只，抢劫西班牙和意大利的海岸。其他私掠海盗也加入了他们。

陆地和海洋的掠夺者

兄弟俩的力量日益雄厚，1512年在一个月内就占领了23艘船，甚至在拉古莱特建立了自己的火药厂。他们开始在内陆打仗，起初抓捕来自西班牙的阿尔及尔人，后来逐渐侵占离海更远的城镇。

奥鲁奇被称为"巴巴罗萨"，意思是"红胡子"。"红胡子"甚至把他做船员时掌握的技巧运用到了陆地上：给大炮装上风帆，把它们运过沙漠。他用土地跟奥斯曼人换来了桨帆船、大炮以及阿尔及尔总督和西地中海事务执行长官的头衔。

但是西班牙人回击了。在特莱姆森坚守要塞20天后，寡不敌众的海盗们被击溃，奥鲁奇死在了战场上。

红胡子二世

海雷丁继承了巴巴罗萨的名号和地位——据说他甚至把胡子给染红了。他夺回了特莱姆森，把医院骑士团赶出了罗德岛。后来他被称作海雷丁·巴巴罗萨，担任奥斯曼土耳其帝国海军元帅和罗德岛总督，从海盗一跃成为政治家。

但他依然像海盗一样行动，袭击抢劫城镇和船只，不过他也在欧洲的重大战争中起到了重要作用。他占领了希腊群岛，摧毁了大半个科孚岛，几乎把所有的居民都抓去当了奴隶。在海盗生涯结束时，他统率着拥有210艘船的舰队和三万人的奥斯曼部队。后来他退休了，住进了君士坦丁堡一座恢宏的宫殿里，于1546年在那里去世。

如何成为巴巴里海盗

航海时,战斗和财富令人心潮澎湃,如果你能够接受偷盗、杀戮和危险,或许你就具备了成为巴巴里海盗的条件。你需要具备的条件都在这里。

避风港

最好和巴巴里诸国中的某一个结为盟友,这样你就能在北非的岛屿或者海岸上拥有一个避风港。你能在那里过冬,修复船只,售卖赃物和奴隶。你得交付一部分战利品,但这并不要紧,因为你总能获得更多的东西。

头巾 — 那个时候的穆斯林普遍戴着这种头巾。如果你从没戴过,你得学习一下它的系法。

弯刀 — 这种弯形的刀锋利无比,用它把敌人大卸八块吧。

腰带 — 你可以在腰带里也放上小刀或者枪械用于近战。

火枪 — 有时候用枪攻击更快。但是火枪上膛很花时间,所以你还是需要刀剑。

登舰斧 — 帮你在上船的时候开道,例如劈开上锁的门。

软底鞋 — 有点像拖鞋,能帮你静悄悄地摸上船,不过在甲板上还是光脚走路更好,不会滑倒。

航海与奴隶

很显然,你需要一艘船。它可以是你抢来的,也可以是你自己造的。16世纪时,最好的船是小型平底船(与桨帆船相似)。这些小而快的船既有帆也有桨,由奴隶划船。它们吃水很浅,所以能航行到近海岸处。如果找不到船员,你可以强迫一些俘虏为你干活。如果他们不愿意加入你,就威胁把他们作为奴隶卖出去。

你的海盗船员需要调整风帆控制航向,所以最好能有一些老道的水手。

你不必对奴隶太过担心。他们会安分地划船,因为如果不服从,他们会被鞭打至死。没有风的时候,你就需要奴隶的力量,在战斗中也要凭借他们的力量让船保持快速移动。

小型平底船易于操控,非常适合突袭和迅速撤离。

除非逼不得已,否则别去下面的甲板——那里的高温和恶臭让人难以忍受。奴隶会在自己坐的地方解手,而你作为船主,每隔几天就得让人把船清洗一次。

15

划船奴工的悲惨生活

在海盗面前的是一种有发财致富希望的刺激生活，而划船奴工能期待的只是有着微弱生存希望的悲惨生活。

被抓了！

海盗船上的大部分奴隶都是在海岸的洗劫中，或者是从渔船、商船上被抓来的，有些立刻就被安排去划桨。在抵达大陆之前，他们可能要航行六个星期甚至更久。上岸后，这些俘虏会被丢进叫作 bagno（意大利语，意为"浴室"）的监牢。这些地方通常都脏乱拥挤，虫鼠肆虐。

在奴隶市场，男人被卖去做矿工、劳工或划船工。那些做过生意的或者受过教育的人往往能找到更好的工作，但仍然是奴隶。女人则常被卖作家务奴隶。

如果家人或者镇子上的人能凑够钱，或者自己赚够了赎身的钱，有些奴隶最终能重获自由。而很多人死时仍是奴隶之身。

为所有人做奴工

不是只有海盗用划船奴工。欧洲海军也会让俘虏和被判刑的罪犯划船。对海盗而言，抢来的船已经配备了划桨的奴隶。

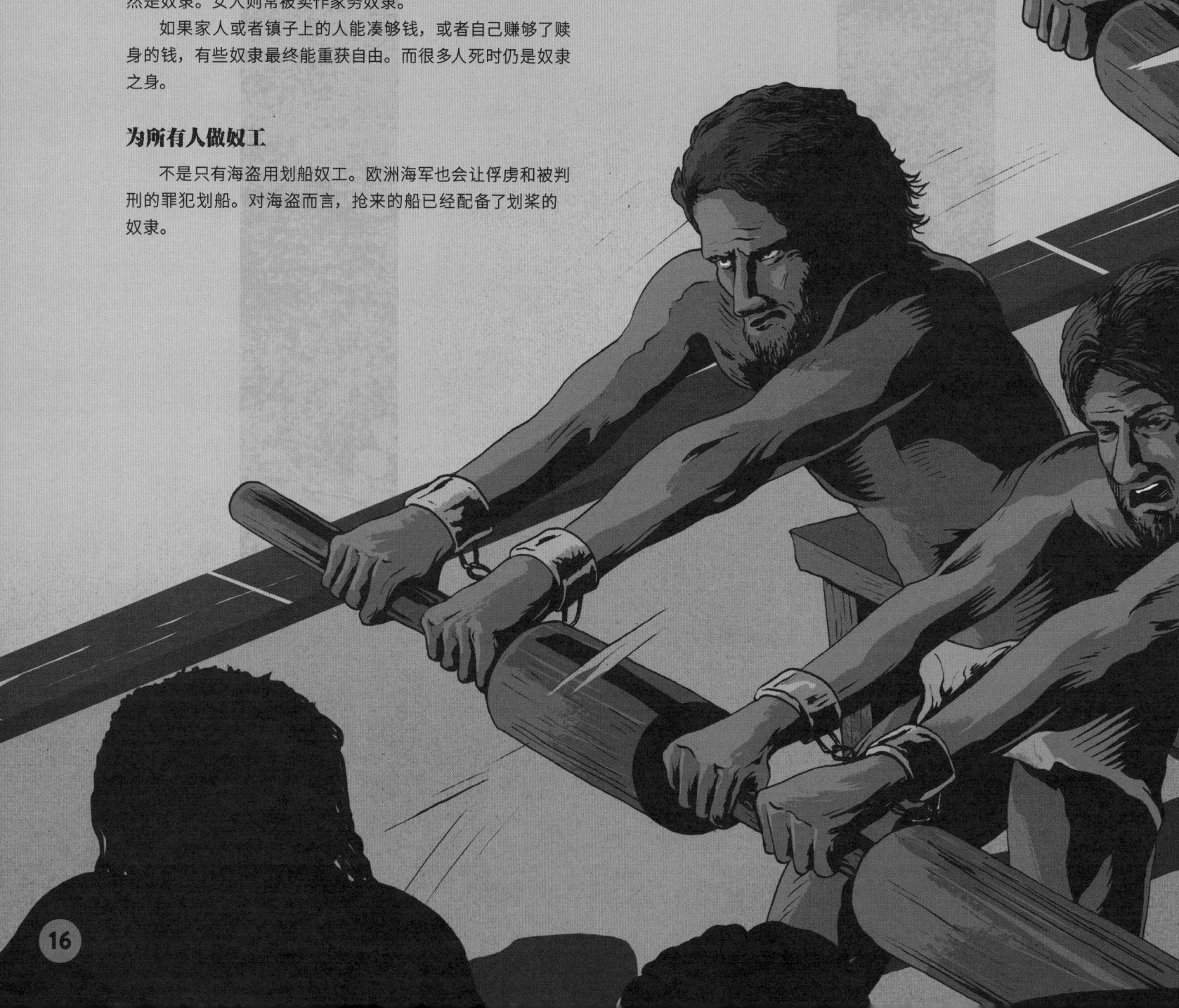

悲惨生活

　　每一个划船奴工都被锁在自己的凳子上。一支桨通常安排五个人，每一侧有20或25支船桨。每次划水，这些人都要站起来，拉桨，然后坐回到位置上。接着重复这个动作，再重复，连续几个小时。有个监督在甲板上的凳子间巡视，鞭打划得不够卖力的奴隶。谁要是昏过去或者死了，就会被解开镣铐扔下船。

　　奴隶们蜷缩在各自的长凳上睡觉，吃的只有黑面包，有时候加点醋或油。在有些船上，奴隶暴露在炎炎烈日下，阳光灼烧着他们的皮肤。在另一些船上，奴隶待在甲板下面，同虱子和恶臭困在一起。在陆地上过冬之处，他们白天做苦工，晚上睡在监牢里，走到哪里都拖着沉重的镣铐。

被劫掠的大海

早期的海盗是无法无天的冒险者，但是私掠海盗活动逐渐成为一门严肃的生意。

决定性的战斗

海盗的鼎盛时期始于1538年。那个时候海雷丁·巴巴罗萨带领奥斯曼海军战胜了由西班牙和威尼斯领导的欧洲基督教势力联合舰队。在普雷韦扎海岸的这次决定性胜利使奥斯曼人成了毫无争议的海上霸主。

他们的胜利只维持了三十多年，便在差不多同一个地方的另一场海战中结束了。1571年，在勒班陀海战中，奥斯曼帝国的战败终止了海盗对海军行动的参与，他们又回到了海盗生活。

大生意

海盗活动成了大生意。人们给海盗活动投资，购买股票，就跟今天购买企业股票一样。他们会出钱给海盗装备船舶和招募船员，然后从赃物和被卖掉的奴隶身上获得一部分利润回报。各个阶层的人都会投资海盗生意。

海洋领袖

在海盗活动变得越来越正式的同时，诞生了一个名叫 taife reisi（意为"船长理事会"）的特殊组织来管理海盗活动。它本质上就是一个海盗贸易行会，管控招募和委任船长、规划航线、策划联合活动、组织战利品与奴隶的分配和转售，甚至选出"海洋领袖"。领袖是海盗理事会的主席，掌管各项事务。

在阿尔及尔，海盗活动成了当地的主要收入来源——政府当局组织对基督教船只的抢劫，管理靠勒索和出售奴隶赚来的钱。

更远的地方

17世纪早期,叛变的船员和造船工程师教海盗建造了由风帆提供动力、不需要奴隶的船只。有了这些新船,海盗们开始离开地中海,到大西洋冒险。

他们掠夺非洲西海岸、英格兰和爱尔兰南海岸以及欧洲大陆主体部分荷兰一侧的海岸沿线。1616年,他们甚至袭击了冰岛。

海盗的控制

最后,很多欧洲国家和船运公司与海盗达成协议,靠高昂的贿赂免受袭击。海盗要求巨额钱财,还要船只、武器和物资作为"礼物",但他们也经常拒绝这些条件,提出更多要求。海盗常常擅自决定"协议"已经终止,接着重新开始抢劫,直到收到更多的"礼物"为止。

美国的介入

巴巴里海盗统治了地中海三百多年。虽然欧洲国家定期支付赎金以求在地中海安全航行,但这种方式并不适合新独立的美国。美国的船只能通过狭窄的直布罗陀海峡进入地中海,是海盗唾手可得的猎物。

美国人的解决办法是成立海军,痛击私掠海盗。美国向海盗宣战——这是美国在自己的国土之外参与的第一场战争。到1815年,巴巴里诸国全部被击溃,接受了美国的条件,巴巴里海盗的统治就此结束。

海盗黄金

曾经，海盗会窃取他们能找到的一切东西，但自16世纪起，他们开始重点搜寻装有珍宝的船只。

鲜血与黄金

当时大量的黄金珠宝都来自美洲南部和中部，由西班牙征服者（"征服的侵略者"）从当地居民手中窃取而来。

在1492年克里斯托弗·哥伦布成为第一个抵达巴哈马的欧洲人之后，西班牙派了越来越多的船去探索西印度群岛和美洲大陆。

他们从墨西哥的阿兹特克人和南美的印加帝国窃取黄金，同时声称这些土地和财富都属于西班牙。西班牙人熔化了这些金子，铸成钱币和金条，跨过大西洋运回西班牙。但是，他们首先得通过海盗。

意外收获

1523年，一个名叫让·弗勒里的法国海盗攻击了三艘返程回国的西班牙帆船。船上携带着惊人的货物：三大箱的金条，成堆的金粉，成箱的珍珠、绿宝石和其他珍宝，还有精美的阿兹特克盔甲、马赛克面具、色彩鲜艳的羽毛斗篷、异国的珍禽异兽——甚至有三只活的美洲豹。

发现西班牙人把财宝运回欧洲这件事改变了全世界。先是法国，然后是英国，接着是荷兰，继批准私掠海盗攻击这些船只。加勒比海盗的伟大时代开始了。

赃物的路线

宝船的主要路线是通过小安的列斯群岛到达美洲海岸的港口，然后向西去古巴北部，再回到欧洲。

宝藏舰队

从南美到西班牙长距离航行的单独船只是很容易拿下的目标，所以西班牙人改变了策略。从1543年起，他们每年派出两支大约有100艘船的大型船队接载抢来的黄金。这些船队被称为"宝藏舰队"，并受到配有大炮的大帆船或军舰的保护。

100艘船的舰队对海盗来说规模太大无法应付，所以他们改为逐个击溃在西印度群岛航行的船只。随着殖民地的扩张和当地贸易的繁荣，商船和港口成了17世纪的海盗最主要也更容易得手的目标。

加勒比海盗

新世界的财富对船员们产生了无尽的诱惑,促使他们勇敢地对满载战利品的西班牙宝藏舰队发起攻击。

被放逐
黑胡子的两艘船在托普赛尔海湾搁浅了,于是他放逐了手下的很多人。这也许是一场意外,也可能是他想借此占有更多的战利品。

沉入海底的宝藏
1715年,维罗海滩:西班牙宝藏舰队在离开古巴的一星期后,遇到了一场飓风,12艘船中有11艘沉没,1000多名船员丧生。那些宝藏至今还被零星发现。

海盗共和国
1706—1718年:海盗统治着新普罗维登斯岛的拿骚。这是一处避风港,他们可以在这里修复船只,做买卖,聚会,休息。

第一桶金!
1523年,私掠海盗让·弗勒里袭击了三艘载着阿兹特克珍宝衣锦还乡的船,西班牙宝藏船的秘密就此被发现。

海盗的据点
1630年:海盗们在逃离伊斯帕尼奥拉岛后,在附近的托尔图加岛建立了基地。他们的据点罗谢堡在1654年被西班牙人攻陷。

可怕的战利品
约1572年:法国私掠海盗让·邦坦普斯和70名追随者试图劫委内瑞拉旁边的库拉索岛,但是因为下大雨他们无法用枪。邦坦普斯被杀死了,他的脑袋被人砍下,作为战利品带回了伊斯帕尼奥拉岛。

港口悬尸
很多海盗都在牙买加的绞刑场被绞死,包括"棉布杰克"莱克汉姆和查尔斯·韦恩。那些尸体常常被捆着铁链,摇摇晃晃地挂在港口的入口处,作为对其他海盗的一种恐怖的警示。

一位自我放逐的海盗
海盗乔治·洛瑟被皇家海军舰艇"老鹰号"追捕,在布兰基亚上岸,但他在劫难逃:几天后人们在那里发现了他的尸体。

宝藏装好,准备起航
西班牙宝藏舰队在卡塔赫纳、农布雷德迪奥斯和波托韦洛装载掠夺而来的黄金和珍宝,然后运回西班牙。

大胆的诡计
马拉开波:海盗亨利·摩根将一艘几乎全空的船伪装成他的旗舰,欺骗了西班牙的追捕者——他在船上钻孔、装上原木作为"大炮",并在甲板上竖起木头人。他让这艘船驶向三艘西班牙战舰,然后引爆了船上的火药。

加勒比海　　　　大西洋

寻宝

欧洲诸国一旦发现西班牙大帆船正装着无价的财宝穿越大西洋，就会立刻抢占它。

选一名海盗

首先出马的是法国海盗，因为法国人和西班牙人早已为敌。接着英国和西班牙闹翻了，被称为"海狗"的英国私掠海盗加入了进来。等到英国和西班牙讲和的时候，荷兰又派出了被称作"海上乞丐"的私掠海盗。但是每当一个国家与西班牙言和，私掠海盗就会转做谋一己私利的海盗。

咸味的"海狗"

"海狗"是英国的私掠海盗，由伊丽莎白女王一世授权追捕西班牙船队，并且有舰队做掩护。对某些"海狗"而言，私掠只是他们的一种爱好。海盗约翰·霍金斯就从事着更骇人的买卖：把从非洲带来的奴隶卖到加勒比换取黄金、朗姆酒、香料和糖，再将这些东西卖回到英国。

航海家弗朗西斯·德雷克被视为"女王的海盗"，因为他在宫廷上颇为受宠，在夺取西班牙人的赃物这方面很成功。1573年，他在巴拿马的农布雷德迪奥斯附近伏击了一支骡队，抢走了15吨白银。后来他成了配有数百名士兵的舰队的指挥官。

荷兰人的胜利

最大胆的突袭是由荷兰私掠海盗皮特·海恩带头的。1628年，他占领了一整支西班牙宝藏舰队，包括价值一千两百万荷兰盾的珍宝，相当于现在的近四亿美元。大部分船只很快就投降了，西班牙船员无一遇害。

"烧烤海盗"

在加勒比袭击西班牙人的还有一群由不同国家的人组成的西印度海盗，又称"烧烤海盗"（buccaneers）。他们原本是伊斯帕尼奥拉岛上的罪犯、逃跑的奴隶、失业的种植园工人和一些其他职业的人。他们捕杀野猪和野牛，吃苦耐劳，全副武装。他们被称作"烧烤海盗"，是因为他们把肉架在火上熏来烹制食物，就像烧烤一样，伊斯帕尼奥拉岛的当地人称之为"buccan"。

从猎猪人到海盗

西班牙人试图赶走"烧烤海盗"。这些人因而开始攻击西班牙船队。一队海盗航行至托尔图加岛上，建起了堡垒，直到1654年，五艘西班牙战舰将其摧毁。

"烧烤海盗"后来去了牙买加，这座岛在1655年被英国人占领了。英国人接受了他们，授予他们私掠许可证，使他们成了正式的私掠海盗。

如果曾有一个令人闻风丧胆的海盗,那就是黑胡子了。
他的长相叫人害怕,而且他对自己的船员同对待敌人一样残忍无情。

出生:1680 年,英国布里斯托尔。
活跃:1717—1718 年,加勒比。
显著特征:"太凶狠野蛮了……想象不出还有什么复仇女神和地狱的使者比他更可怕……他的一些邪恶的消遣非常奢侈,就好像他故意让人们相信他是魔鬼的化身。"(《海盗通史》,1794 年)

从私掠者到海盗

1714 年,英国和西班牙再次讲和,很多以追捕西班牙船只为生的私掠海盗转做独立的海盗。人称"黑胡子"的爱德华·蒂奇,就是其中之一。他加入了巴哈马新普罗维登斯岛的一艘海盗船。到 1716 年,他已是一艘单桅纵帆船(一种小而快,只有一根桅杆的船)的船长。第二年,他抢占了一艘奴隶船,将其命名为"安妮女王复仇号"。这艘船装配了 40 门大炮,成了他的旗舰,威震整个加勒比。

恐怖的场景

黑胡子知道,恐吓敌人是战斗胜利的一半。他留着编成辫子、系上丝带的大黑胡子。在战场上,他把叠在帽子下面的麻绳导火索点燃,让黑色烟云在他脑袋周围翻滚。除了小刀和短剑,他身上至少带有三把手枪。

以残忍著称的黑胡子在等别人交出珠宝的时候,会立马把对方戴着戒指的手指切掉。他甚至射杀了他的副官伊斯雷尔·汉兹,说是需要提醒手下的人对他保持畏惧。

药物紧缺

有一次,船上药物紧缺,于是,黑胡子航行至卡罗来纳的查尔斯镇,他威胁说如果不把他需要的药品拿来,就烧光港口所有的船,杀死船上的每一个人,把他们的头颅送给总督。时间一分一秒地过去,人质都已经上了绞刑架,最终,药被送来了。

被追捕

1718 年,黑胡子接受了英国对所有海盗的赦免。但是一开始他驾驶着两艘船游荡,在一座岛上放逐了大约 25 个人;任其自生自灭。也许他想以此分到更多的战利品。

尽管有了赦免,弗吉尼亚州长还是派了海军上尉罗伯特·梅纳德追捕黑胡子。他追踪黑胡子到了奥克拉科克湾。梅纳德把手下的人藏在下面的甲板,让黑胡子误以为船员都死了。但是当黑胡子的人登上梅纳德的船时,藏起来的船员冲了出来。在血肉横飞的肉搏战中,黑胡子在挨了五发手枪子弹和二十多刀后才死去。梅纳德割下了黑胡子的头,把它悬挂在他的船首斜桅上。

像海盗一样生活

对所有水手而言，生活都很艰难，而对于海盗来说，更加难。如果你想做一名海盗，要准备好面对某些危险的时刻。

海盗工作说明

你得承担起所有常见的航海任务，还需要善于用短剑、手枪和小刀战斗。不会战斗的海盗活不久。你需要让武器保持清洁和完好无损——但要忘记它们也可能会让你丢掉性命。

好的、坏的和长虫子的

食物可以是好东西——也可以很恐怖。在海滩上走一遭后，你就会有新鲜的食物和水果、清洁的水和上乘的朗姆酒。但是在海上炎热的天气里过上一两天，食物很快就会变质。你也许很幸运，在抢占的船上找到食物，但是运气不好时，你只能吃腐坏的肉、面包和水果，要不就是船上爬满虫子的饼干和发臭的水。朗姆酒和啤酒跟这些比真是健康多了！

倒霉的时候，唯一的食物就是压缩饼干——这种像石头一样硬的饼干得泡在水里才能吃。你也许还剩一点腌猪肉、牛肉或者马肉。如果你能抓住一只活海龟，就能美餐一顿——把它养在船舱里，它就能保持新鲜，直到你想把它烧了吃掉。

海盗臭烘烘

身为海盗，你不能对气味太挑剔。船上没有厕所，你的船友不洗澡，你们一大堆人都挤在空气炎热潮湿的船上。

船底部的臭味很严重。溅进来和渗进来的海水聚集在舱底，有些可怜的船员得不停地往外抽水，一同排出去的还有所有死在那里的毛绒绒、黏糊糊的令人讨厌的东西。

有时候你也必须用"花园"，所以不要害羞。"花园"是船板上的一个洞，直接通到海面，是你能找到的最接近马桶的东西。

海盗和其他害虫

船上非常拥挤,不仅有很多海盗——多得足以压制住更大规模的船上的船员——还有很多别的烦人的"乘客":老鼠、跳蚤、蜘蛛、蝎子和蟑螂。

坏规则的人是要倒霉的。

船长和法典

在出海之前，海盗船会选出一名船长，协商出一套管理法则。加勒比的海盗把这种法典称为"协议条款"。每一个海盗都要签字，不会写字的就留一个自己的标记，以示同意这些规则。

海盗会试图强迫俘虏签署条款，加入他们当海盗。一旦签了字，他们之后可能会因为这个选择被当局处以绞刑。

海盗们会单手放在《圣经》上，宣誓维护条款——假如船上有《圣经》的话。不过通常都没有，所以他们往往对着斧头、交叉的短剑甚至是人头骨宣誓。如果一个海盗破坏了法典，他会受到伙伴们的惩罚。

协议条款

1. 每个人都要服从船长的命令。每一个船员都能分得一份战利品。船长所得的份额是一般人的1.5倍。大副、木匠、水手长和炮兵能多拿四分之一。

2. 任何试图逃跑的人，都会被放逐，通常只留给他一瓶火药、一瓶水、一把手枪和一发子弹。

3. 任何偷取船员物品价值超过一个西班牙银圆（一种银币）的人，会被放逐或者击杀。

4. 任何在未经允许的情况下签署了另一艘海盗船的协议的人将会以船长和船员认为合适的方式受到惩罚。

5. 任何袭击其他船员的人要光背接受39下鞭打。

6. 任何在船舱里抽烟或者手持不在灯笼里燃烧的蜡烛的人，要受39下鞭打。

7. 任何不保持武器清洁、完好的人将分不到战利品（参见第一条），并且以船长和船员认为合适的方式受到其他惩罚。

8. 任何在战斗中失去关节以下部分（手或者脚）的人，将得到400个西班牙银圆；如果失去的是整个肢体，则是800个银圆。

海盗的惩罚

海盗对待战俘残忍无情,但他们自己的成员如果不遵守协议条款,下场也好不到哪里去。下面就是一些你绝对不想尝试的惩罚。

鞭打

海盗用鞭子、绳子或"九尾猫"抽打违规者。这个"猫"是用一根绳子做成的,绳子分成九股,尾端打结,裹上焦油。坚硬的绳头能抽得人皮开肉绽。不过实际上,海盗船上鞭打的情况不像普通海军中那么常见。

船底拖曳

将受罚的海盗绑在船底的绳子上,前后或者左右拖曳。就算他没有被淹死,生长在船体上的藤壶的尖利外壳也会把他的皮肉割烂。这是一种可怕的惩罚,往往会致命。

汗刑

有时候,被抢占船只的船长会被施以"汗刑"。他被带到底下的甲板,周围点燃一圈蜡烛或灯笼。他得光着身子跑圈,同时所有的海盗都用剑、刀或者针戳刺他,直到他筋疲力尽血流不止。这种惩罚的目的不是杀死船长,而是羞辱他。

放逐

最惨的惩罚是放逐。海盗被抛弃在小岛上,没有食物也没有避风港。有时候大家会给他一把手枪和一两发子弹,也许还有一瓶水。他可以选择自杀,或者因饥饿与高温缓慢地死去。唯一的逃生机会是被路过的船只救起。

残忍也有报应

查尔斯·韦恩是个恶名昭彰的残忍海盗。他欺骗自己人,折磨被占船只的船员,在许诺宽恕之后又杀死他们。水手们害怕遇见他,所以在1718年停止了巴哈马附近的贸易。1719年,韦恩的船遇上海难,他被冲到了洪都拉斯湾的无人岛上。一艘船经过,但船长霍尔福德以前当过海盗,认出了他,拒绝带他上船。另一艘船接他上来了,但韦恩很不走运,霍尔福德来到船上认出了他。他的身份暴露了,于是船长把韦恩带到了牙买加,韦恩在那里被处以绞刑。

摩西律法

被判"摩西律法"意味着被鞭打39次。它指的是《圣经·旧约》中犹太律法规定的最大鞭刑数量。所以39下鞭打被视为一种严厉的惩罚。

出生: 1690 年，英国（里德）；1700 年，爱尔兰（波妮）。
活跃: 1718—1720 年，加勒比。
显著特征: "两个人都很放荡，骂骂咧咧，喜欢恶语相向。"（《海盗通史》，1794 年）
罪行: 在"棉布杰克"船长的手下在加勒比进行海盗活动。

玛丽·里德

玛丽·里德出生在英国，她贫穷的单身母亲把她打扮得像个男孩。她妈妈把里德假装成死去的儿子，这样她的前婆婆就会给予她经济上的支持。13 岁的时候，里德在比利时当了步兵。她爱上了另一位士兵，他们结婚了，但是那个男人很快就死了。她再一次穿上男装，起航去了西印度群岛。英国海盗抢占了她的船，她同意入伙。

安妮·波妮

在伦敦生活的时候，安妮·波妮的父亲把她打扮成男孩。当人们发现她是他的私生女时，他便把她带到了美国的卡罗来纳州。在那里，波妮嫁给了一个身无分文的水手。这对夫妇去了巴哈马找工作，但是一个著名的海盗——"棉布杰克"莱克汉姆说服波妮离开她的丈夫，同他一起航海。

一起做海盗

加勒比一带活跃着 2000 多个海盗，而这两名女海盗都去了"棉布杰克"的船上。她们跟男人一样凶残而奋不顾身，会用枪、火药和短剑等武器。她们常常跟其他船友赌誓，在劫掠船只时杀掉船上的乘客和船员。

"棉布杰克"

约翰·莱克汉姆因为他花花绿绿的棉布衣服被称为"棉布杰克"(这里的棉布是指一种印花棉布料)。他后来遇到了波妮，同她结婚，他们有了一个孩子。波妮同一个看起来年轻漂亮的海盗小伙很要好，这让"棉布杰克"心生嫉妒，最终里德和波妮向莱克汉姆承认：其实里德也是一个女人。

她们是怎么做到的？

有很多年轻男子和少年在船上工作，全都穿着宽松的衣服，留着长发，绑在后面或者编成辫子。里德和波妮也早已习惯男装，又都身手矫健，对她们来说伪装并不难。

终结于海岸上

1720 年，海盗搜捕船长在牙买加海岸截获并攻打了"棉布杰克"的船。波妮和里德同袭击者战斗，而大部分其他船员都藏在下面，要么已经投降，要么因为酩酊大醉而无法战斗。

除了波妮和里德，所有成员都在牙买加的绞刑场被绞死了。这两个女人因为有身孕而获得了赦免。1721 年，里德因高烧死在了监狱里，但是没人知道波妮后来怎样了。没有任何关于她的判刑或者释放的记录。

> **"假如你像男人一样战斗了，你就不必像一条狗那样被吊死。"**
> 据说这是在"棉布杰克"被绞死前，波妮对他说的最后一句话。

海盗统治!

海盗需要一个能修复船只、购买物资和销赃的避风港。巴哈马的新普罗维登斯岛海盗泛滥,因而这里被称为"海盗共和国"。

从有序到混乱

1696年,海盗亨利·埃弗里来到新普罗维登斯岛的拿骚,贿赂了当地的英国总督,让他在这里销赃。很快,拿骚成了海盗的一个安全的基地。

1703年和1706年,法国和西班牙舰队攻打了这座岛,大多数英国殖民者都逃走了。没有了官方统领,海盗便接管了这座岛,当作自己独立的共和国来管理。它成了一个没有法度,充斥着醉酒、赌博和暴力的地方。

这里一度有一千多个海盗,而只有一百多个守法、热爱和平的岛民。岛上的海盗,包括本杰明·霍尼戈尔德和亨利·詹宁斯,组成了一个名为"飞天盗团"的团体,令人闻风丧胆。

复仇:海盗浩劫

飞天盗团强大到可以攻击英国海军,也因此带来了巨大的浩劫。终于,英国国王乔治一世派了一位新的总督前来接管这片法外之地。

1718年,伍兹·罗杰斯来了,他带了七艘船,并且同意赦免任何放弃做海盗的人。很多人都接受了,或者假装接受了。在确实倒戈的人之中,便有霍尼戈尔德。罗杰斯雇用他去追捕冥顽不化的海盗。

这是一个狡猾的举动:霍尼戈尔德知道海盗的线路,比起海军能开展更有效的追捕。他很快就抓住了十个前盟友,其中九人在1718年12月被绞死。这标志着英国统治的回归以及海盗共和国的终结。

像海盗一样死去!

被判刑的海盗常常被绞死,埋在潮水的高点和低点之间。像"棉布杰克"莱克汉姆这样的著名海盗的尸体会被绑进一个金属笼子里,或者捆上链条悬挂在木制的绞刑架上,置于海港的入口。

在那里,链条嘎吱作响,尸体随风摇摆,渐渐腐烂。当尸体分崩离析,或者被海鸥吃掉之后,就没什么可以埋葬的了。这就意味着海盗的灵魂在死后得不到安息——这对迷信的海盗来说是一种可怕的惩罚。

一个崭新的世界

1497年,葡萄牙探险家瓦斯科·达·伽马航行至非洲的最南端,进入印度洋,发现了一片贸易繁荣的大海——海盗也很猖獗。

筹划周密的海盗

早在13世纪90年代时,马拉巴尔的海盗就在印度洋逍遥法外了。当捕鱼难以维持生计时,所有人都搭上有上百艘船的舰队起航。他们分散开,形成一张"船网",围困商船,通过烟雾信号提醒彼此逼近猎物。

如果海盗怀疑被捉的人吞下了珍贵的宝石和珍珠,他们就会逼其吞下酸涩的酸豆香料或者海水,使他们严重反胃。强悍的海盗不会因为从呕吐物中拣出珠宝而觉得恶心。

埋伏贸易线路

17世纪时,凶狠的印度海盗已经用名为"渡鸦"的轻快小船在孟买的南海岸活动。他们分成小组行动,从隐蔽的河口冲出来袭击过往船只。

海盗的向往之地

在瓦斯科·达·伽马的印度洋之行后,葡萄牙人建立了通往印度的贸易线路。但是从17世纪开始,荷兰和英国船队先后加入。每个国家都成立了各自的东印度公司以开展与印度和东亚之间的贸易。

这里进行贸易的丝绸、香料和木材价格十分昂贵,都是用金银来支付,海盗自然不会错过这个发财的良机。很快这片海域就混杂着欧洲和当地的商船,印度本土海盗、非洲海盗、欧洲海盗和北美海盗通通出现在这里,局面混乱动荡。海盗活动在这片海域热火朝天地进行着。

贸易和抢劫

海盗们更喜欢抢占装满金银前往亚洲的船只,而不是在它们带着货物返程的时候去打劫。确实,像奢华的丝绸这样的物品对海盗来说用处很小,只能把海盗船上破烂的帆布船帆换成丝绸船帆而已。

北美海盗

很多活跃在印度洋的欧洲海盗早就开始在北美和加勒比活动了。富有的美洲人赞助海盗船,从海盗活动中获益。1695年,纽约的总督同意海盗在港口登陆,因为他收到了一份来自他们的700英镑的"礼物"。

在印度洋打劫

1713年，英国和西班牙言和，很多私掠海盗因此失业。于是，当印度洋和更远的地方开辟了新的贸易路线时，很多美洲和欧洲的海盗都去了亚洲。

"海盗环线"

能大捞一笔的最好航路便是"海盗环线"：这条路线横跨大西洋到非洲，经过非洲最南端抵达马达加斯加岛（一个存储物资、招收新船员的好地方），然后越过印度洋。这条航路基本上与东印度公司的商船线路一致。

"海盗环线"由托马斯·图发起,他在1692年带着巴哈马总督的私掠许可证起航去摧毁非洲西海岸的一个法国贸易点。途中,他建议船员转做海盗,靠自己的勇猛,而不是为了统治者的利益去赚钱。他的船员给出了那句著名的回答:"金链或是木腿,我们都与你同在!"

几个月后,他们截获了莫卧儿皇家(印度)从印度航行至阿拉伯的宝藏船。这艘船没有抵抗就投降了,图把价值超过十万英镑的金银珠宝、丝绸、象牙分给了船员。回到纽约的时候,他受到了英雄般的待遇。

1694年,他再次出海,但这次并不顺利。他和亨利·埃弗里等其他海盗联手攻击了有25艘莫卧儿船的船队。这次任务成功了,但是图失败了——他被炮弹炸死了。

海盗岛

非洲东海岸的马达加斯加岛成了供海盗停泊的避风港,他们在这里清洗修复船只,售卖战利品,储存食物。

直到1685年,海盗亚当·鲍德里奇从被通缉的牙买加逃走后,在马达加斯加北海岸的一座叫圣玛丽的小岛上建立了据点。他以高昂的价格把物资卖给海盗,靠这些利润活得像个王子。1697年,鲍德里奇被赶走了,但是1715年,詹姆斯·普兰汀在兰特湾附近又建立了新的基地。

如何攻击船只

如果你想发起袭击，你需要全副武装，残忍无情——但是不到迫不得已的时候，不要开战！

震慑别人

作为海盗，你的最佳武器是出其不意和威慑。如果你拥有残暴的名声，你的战俘就会相信你会杀害或者折磨他们，你都不必动手——他们会毫不反抗就上交珠宝、货物甚至自己的船。

假如你必须进攻……

你可以用一艘大型战舰，也可以用几只抢占而来的当地小船发起袭击。不管你的船是哪种，速度和出其不意会给你带来优势。

1. 你有快船吗？试着在水里拖拽绳子使其减速。在最后一分钟，把绳子拉回来，你的船就能加速了。

2. 假装友好，挂着假船旗航行——假船旗表明你的船属于同你的目标关系友好或者中立的国家。接近目标之后，再把旗子换下来，挂起你自己的海盗旗。出其不意！

3. 如果你打算毫不留情，就挂一面红旗子——所有人都明白它的意思。

4. 如果你有一艘大帆船，或者任何配备大炮的船，把船停在目标边上，进行舷炮轰击。这时候你的目标已经来不及逃脱了。

5. 你有很多船员吗？让大部分人先藏在甲板下面，必要时再出动。

6. 如果你只有小船，就停在目标船只边上，让你最好的射击手击倒船上的关键人物。

7. 确保你有一面容易识别的海盗旗，让恐惧直击所有水手的内心。

留心船体

如果你想把正在攻打的船收编进自己的舰队，不要用舷炮轰击毁坏它。让你的手下射杀船上的关键人物，朝支起船帆的绳索开火，甚至用炮弹击倒桅杆——换一根桅杆要比修补船体的大洞容易得多。

45

从占领船只的数量方面来看，巴沙洛缪·罗伯茨是他所在时代最成功的海盗。但是，作为人们熟知的黑色准男爵，他其实是不得已才成为海盗的。

出生：1682 年，威尔士。活跃于 1719—1722 年，非洲西海岸和美洲。
显著特征："一个英勇的人物……穿着华丽的深红色锦缎背心和马裤，帽子上别着红色的羽毛，脖子上挂着一条金链，上面吊着一个钻石十字架，手持一把剑，肩上挎着两把手枪。"（《海盗通史》，1794 年）
罪行：在大西洋进行海盗活动。

1719 年，巴沙洛缪·罗伯茨所在的奴隶船遭到海盗攻击时，他担任船上的三副。他被迫加入了海盗。船长豪厄尔·戴维斯跟罗伯茨一样是威尔士人，他们俩沟通的时候用威尔士语，其他人都听不懂。罗伯茨的航海技巧也给戴维斯留下了深刻的印象。

六个星期之后，戴维斯死于埋伏，罗伯茨被选出来接替他的位置。他接受了，说自己既然已经"把手伸进了浑水里，必须当海盗了"，他也能够挑起大梁。他的第一项举措就是为戴维斯的死复仇。这巩固了船员对他的忠诚。

顺风顺水

在巴西的海岸等待船只长达九个星期后，他们本来已经要放弃了，就在这时候，42 艘满载珍宝的葡萄牙船出现了。这是罗伯茨众多成功袭击中的第一次。

在接下来的两年中，从巴西到加拿大的纽芬兰，罗伯茨沿着美洲海岸掠夺船只和土地。他的袭击太过频繁，扰乱了西印度群岛正常的海上贸易。

在一次袭击中，他奸诈地挂着假国旗接近了一艘法国船，提出要告诉他们海盗巴沙洛缪·罗伯茨的下落。刚刚停靠在对方的船边，他就发起攻击，占领了这艘船。当时在船上的马提尼克总督被吊死在了船的桁条上。

时间到了

西印度群岛的船运越来越少，罗伯茨便跨越大西洋来到非洲海岸继续掠夺。

一切都很顺利，直到 1722 年 2 月，一艘英国海军船"雨燕号"在西非的洛佩斯角发现了罗伯茨和他的三艘船。"雨燕号"发起攻击时，海盗们正在庆祝攻下了另一艘船，很多船员都喝醉了，无法保护他们的船。

总是在交战前穿上最华美衣服的罗伯茨，被射中喉咙死去了。海盗船员遵循他的愿望，把他的尸体裹在船旗里，称重之后葬在了海里。他的尸体从未被人找到。

据说巴沙洛缪·罗伯茨不喝朗姆酒，只喜欢喝茶。

啊嗬，有船呀！

海盗船要迅速且灵活，但是它们通常不耐久。幸好，很容易就能从商船甚至海军舰队夺取一艘新船。

小型三桅船

小型三桅船为巴巴里海盗常用，在地中海以外很少见到，有两根或者三根挂着三角形风帆的桅杆，由奴工划桨。这种船吃水很浅，所以能在浅水区快速穿行。

双桅纵帆船

双桅纵帆船普遍使用于北大西洋和加勒比地区，通常有两根桅杆，每一根都有一面大帆。这种船轻巧灵活，船体狭窄，吃水很浅，所以能埋伏在浅水湾中发起突袭。不过它们的体积也足够装下大型战斗所需的枪械和海盗。

单桅纵帆船

单桅纵帆船是另一种吃水很浅的快船，只有一面帆。大多使用于加勒比海和大西洋。它最高速度可达12节，能超过绝大部分其他的船。

那艘船有多快？

船的速度是以"节"为单位的。水手（或者海盗）测定船向前行驶的时候多久能使一根打结的绳子从线轴上拖到水里。打结的间距是14.4米，如果一个绳结需要28秒拖到水面，那么这艘船的速度就是1节——相当于每小时1海里，或者每小时1.85千米。

中国和朝鲜周围的海盗所用的船，攻击时桅杆可以降下来当作登船的桥。

大帆船

这是一种大型军舰，通常是海盗袭击的目标，而不是海盗用的船。西班牙人用大帆船从加勒比把宝藏运到欧洲。它们笨重且缓慢，但是在运货方面很出色。大帆船有三根桅杆，两层或三层甲板。船上装备的大量重型火炮使它们难以攻克。

中国帆船

中国海盗和商人使用这种船，它底部扁平，有一把舵，使船易于操控。有两根或三根船桅，挂有用竹子、藤条或者草做成的方形船帆。

或者你可以买一艘船……

斯蒂德·邦尼特是个不同寻常的人。他生于巴巴多斯，是一个富有的地主。1717年，他买下一艘船（而不是偷），开始了海盗生涯。

他对航海和海盗一无所知，给船员支付工资而不是瓜分财宝。就在他出发前，他便在与一艘西班牙战舰的冲突中受了伤。

邦尼特很快就遇到了黑胡子，但是没多久，黑胡子就夺走了他的船和大部分船员。邦尼特很快就再次干起了海盗，但仍然干得很差劲，不久就被抓住，处以绞刑。

向西航行到亚洲

1519年，斐迪南·麦哲伦带领的西班牙探险队沿着南美洲跨越了太平洋。他发现了菲律宾群岛，宣称这里属于西班牙。很快，贸易（和海盗活动）成了世界范围的生意。

马尼拉大帆船

西班牙人开始在菲律宾的马尼拉和墨西哥的阿卡普尔科之间做贸易。从1565到1815年的250年间，他们每年派出一两艘马尼拉大帆船穿越太平洋，从东亚运走上乘的瓷器、丝绸和香料，到墨西哥换回能购买更多商品的白银。

大胆的突击

1587年，英国人托马斯·卡文迪什在加利福尼亚的海岸附近长久地等待着，直到马尼拉大帆船"圣安娜号"出现。他追了它几个小时，不过为了装更多的货物，"圣安娜号"的大炮被移除了，所以它最终投降了。

卡文迪什让大部分船员带着食物和武器上了岸。"圣安娜号"承载的货物数量远远超过了卡文迪什的小船的载量，他选择烧掉了自己的船。然后，他扬起了蓝色锦缎船帆，船员们都身穿丝绸衣服，他们就这样踏上了返回伦敦的旅途。

海底的宝藏

马尼拉大帆船面临着风暴和浅珊瑚礁的威胁。在航行中失踪的大约有一百人,而他们的宝藏可能还躺在海底。来自美洲的金山银山,以及来自亚洲的成堆的丝绸、玉石、珍珠、宝石、香料和瓷器都等待着现代潜水员的发掘。

分赃

中国、日本和朝鲜海盗统治着中国附近海域。他们驾驶中国帆船,这种船很轻巧,比欧洲海盗使用的笨重船只要快得多。

业余的海盗在冬季捕鱼,在夏天转做海盗。他们组成约有20人的小组,驾驶一艘或者两艘中国帆船,就能完成一次抢劫。一旦拿到足够的铁器、食物和其他足以维持未来几个月生活的物品,他们就会散伙。

而职业海盗,比如倭寇,就完全是另一回事了……

中国附近海域

随着东西方之间贸易的建立，中国的海域成了一些最臭名昭著、最无情的海盗眼中的聚宝盆。

酒对你有害

1556年：大将胡宗宪在一艘船上装满了有毒的酒。倭寇出现的时候，船员抛下这艘船，让海盗去喝那些酒——结果可想而知。

安全之所

宁波沿海的岛屿在16世纪40年代成了海盗的避风港，由葡萄牙人和亚洲海盗共享。

远离海岸

1661—1663年：将福建到浙江沿海地区的人群向内陆疏散近20千米，以阻止海上叛乱和海盗获取物资。当地人因此吃了不少苦头。

盗贼岛

葡萄牙人将广州附近的岛屿称为"盗贼岛"（葡萄牙语 Islas Ladrones），因为这里遍布海盗。

海盗家族

1792年，当一支越南舰队航行至中国去招募攻打中国的海盗时，郑一加入了。他的遗孀后来成了中国历史上最著名的海盗首领。

当心妖魔鬼怪

凶狠的印度尼西亚布吉海盗通常从新加坡航行到菲律宾。他们非常可怕，"妖魔"一词就来自他们的名字*。

编注：布吉人的英文为BUGIS，妖魔的英文为BOGEYMAN，发音接近。

印度洋

南

东亚海盗

抵达中国附近海域的欧洲海盗数量不比亚洲的海盗，他们在这片区域的许多岛上活跃已久。

邪恶的倭寇

1350—1567年，一群由日本人、中国人和朝鲜人组成的海盗，专门洗劫沿海地区，尤其针对中国。中日贸易的禁令激发了海盗和走私活动，因为这是人们获取外国货品的唯一方式。

海盗的洗劫严重侵害了中国和日本的部分地区。他们信心十足，有时在上岸抢劫时会烧掉自己的船，证明自己不会撤退。他们想走的时候，就去占领别人的船。

郑氏海盗

郑芝龙是一名成功的海盗，1627年时他已经拥有了自己的舰队。中国沿海地区的村镇都活在对他的恐惧中，所有贸易也都停止了。

1628年，郑芝龙击败了当时的明朝舰队，之后他同意为朝廷效力，捉拿海盗。但事实上，他继续率领着一支有一百艘海盗船的舰队，很快就控制了从广州到长江的海岸。他过着富贵的生活，身边围着荷兰士兵当保镖，300个原本是奴隶的人穿着鲜亮的丝绸组成军队听他调遣。

54

壮大的海盗舰队

　　十八、十九世纪时,海盗的舰队更为强大。最成功的海盗像做生意一样运营,保存完整的记录和账目。这些大型舰队无情地在中国尤其是南海的贸易航线上掠夺。

　　1802年,另一个郑姓海盗,郑一,接管了先前由堂弟郑七统领的舰队,很快就成了史上最令人畏惧的海盗首领。

蛟龙和黑暗恶魔

　　那些被倭寇劫掠的人简直要吓破了胆。传言说倭寇是能掀起洪水和风暴的蛟龙,能长时间待在水下而不会被淹死。

**历史上最著名的海盗是郑一的遗孀郑一嫂。
她在19世纪初威震中国附近海域,统领着七万多名海盗。**

出生: 1775年。
活跃: 1801—1810年,中国附近海域。
显著特征: 美丽,苗条,严苛而无情。
罪行: 打劫沿海沿河的村庄和中国附近海域的船舶。

与海盗结婚

郑一嫂原名石香姑,出生在广东省。她在妓院里工作、招待水手,直到1801年被飞黄腾达的海盗郑一看中(也可能是被抓去的)。她同意嫁给他,条件是参与他的事业。

他们俩一起把舰队从200艘船发展到了大约1800艘,建立起一个齐心协力的海盗联盟,分红旗帮、黄旗帮、青旗帮、蓝旗帮、黑旗帮、白旗帮,由以郑一嫂为首的红旗帮领导。

单打独斗

结婚仅六年,郑一就死了。郑一嫂本可以带着巨额财富过上宁静的生活,但她决定亲自管理舰队。

纪律严明

郑一嫂起草了一份严格的规章制度和一套商业化的系统来分配战利品。战利品的五分之一分给获胜船队的船员,剩下的用来购买物资,支付船员、线人和工人的报酬。郑一嫂专注于舰队的经营,把船只、航运和战斗的控制权交给她的二把手张保仔。

他们的舰队会袭击国内船舶,以及来中国做生意的英国、葡萄牙船只。吃水浅的中国帆船甚至能航行到内陆的河流,海盗们四处威慑村镇,抢夺物品,或者向当地人索取保护费。

美丽而残忍

郑一嫂会严厉惩罚破坏她规矩的海盗。不服从命令、偷战利品以及其他大部分罪行会被砍头,尸体丢进海里。如果有人想逃跑,被抓住了就要割掉一只耳朵。郑一嫂很关心妇女的待遇。海盗允许跟抢来的女人结婚,但必须对她忠诚。任何虐待妇女的人都会被处刑。

安度晚年

郑一嫂的舰队比大多数国家的官方海军都要强大,令水手们闻风丧胆。朝廷海军发起的攻击一次又一次地失败了,即使找来了英国和葡萄牙的赏金猎人也无济于事。她反而占领了很多前来攻打她的船,把船员收编进了自己的舰队。

后来,郑一嫂拥有的已经够多了。于是她同皇帝的军队协商,以自己提出的条件结束了海盗生涯,她和手下七万多名海盗的大部分人都能继续享有自己的财产,自由生活。郑一嫂嫁给了张保仔,经营着一间赌场,直到69岁安然离世。

陆上生活

作为一名海盗，每次出海你都要在海上待几个星期甚至几个月。当你抵达大陆的时候，你最期待的是什么？

将船侧倾检修

不幸的是，上岸不代表工作结束了。在海上尤其是热带水域航行几个月之后，你的船变得很脏，虫蛀严重，爬满了藤壶。

你需要刮掉那些贝壳，保养木头让它保持防水性，修复所有破损或腐烂的部分。你的性命系于一艘适于航行并且足够迅速带你脱离险境的船。

补补身子！

连续吃了几个星期难吃的东西已经让你苦不堪言。新鲜的水果能给你提供维生素。在长时间缺少肉食，或者只有难嚼的干巴巴的腌肉的情况下，新鲜的肉类和蛋类也很受欢迎。

庆祝吧！

在船上，你喝的是用水、朗姆酒和糖掺兑的烈酒，但是不允许喝醉——你需要保持清醒的头脑。而在岸上，有着数不清的诱惑——豪饮、赌博，或者勾搭漂亮的当地人。也或许，你原本就有一个心上人在等着你。

> 水手们把那些在陆地上生活的人称为"旱鸭子"。

抢劫和买卖

并非所有对陆地的造访都是友好的——有些是去抢劫的。在财宝和货物装上船之前,是最容易抢到手的。假如你的新鲜食物和水都消耗掉了,你可以去沿海的村镇抢夺补充。

如果偷不到需要的东西,你就得做买卖。西班牙人试图阻止加勒比的移民们与海盗做交易,但是基本都失败了。

在马达加斯加,有鲍德里奇和普兰汀这两个人同海盗做买卖赚钱。

把自己推销出去

北美的很多城镇对海盗很友好,乐意资助他们的航程。如果你是海盗船长,你会在这里谈生意,或者与赞助者会面,把利润分给他们。

准备退休

海盗是一种不安稳的生活。如果你没有因战斗、疾病、海难或放逐而丧命,你最后一次上岸可能就是上绞刑架。或者你可以选择在中途放弃,带着你的财富退休,在陆地上过平静的生活。

这要建立在你舍得放弃刺激生活的前提下。大海和冒险的诱惑经常把很多海盗吸引回去。然后,他们死于非命,如同他们曾经轰轰烈烈地活过,他们死在枪林弹雨中,死在刀光剑影下。

词汇表

奥斯曼
指奥斯曼帝国，在13—20世纪统治着如今的土耳其地区

巴巴里海岸
柏柏尔人居住的北非沿海地区

宝藏舰队
一起航行以求互相保护的携带着财宝的船组

侧倾
让船泊岸做保养，进行清洁和维修

吃水
海面与船底的距离，即船没入水中的深度

船首斜桅
船舶桅杆的一种，从船头向前伸出

大副
船上的海航家，负责看地图和观星定位

东印度公司
由国家政府建立的公司，目的是和东印度群岛开展贸易，但通常也跟印度和中国进行贸易往来

放荡
行为放纵，有时候是不道德的

放逐
把人留在岛上作为惩罚；被放逐的人一般会死于饥饿或缺水

搁浅
船只进入浅水处或海滩边，无法航行

股票
资本市场的商业工具之一

海盗
攻击、抢劫船只和沿海居民，会偷东西，常常杀害或绑架别人

行会
有特殊手艺的人组成的职业团体

桁条
航海的船上用来悬挂方形船帆的水平圆材

霍乱
一种细菌引起的急性传染病

桨帆船
由大量划船工驱动的船，这些人通常是奴隶，坐在船下部的凳子上。大部分桨帆船都有风帆

开膛破肚
将肠胃取出而置人于死地

联盟
由一群不同的团体结成盟军的组织

掠夺
抢占、洗劫

莫卧儿
指莫卧儿帝国，领土几乎囊括如今的印度北部和阿富汗地区

叛变者
背叛自己的国家或组织，并采取敌对行为的人

炮兵
负责大炮的船员

旗舰
海军或者公司装备最好的领航船，承载舰队指挥官，悬挂特殊旗帜作为标识

"烧烤海盗"
17世纪在加勒比攻击西班牙船只的西印度海盗

十字军远征
中世纪基督教国家对中东国家的侵略，旨在把耶路撒冷从穆斯林的统治下抢夺过来

收买
给某些人钱或者奖励，让他们帮你达成某件事

赎金
为释放某人或赎回某物而被索要的金钱或其他报酬

水手长
主管甲板保养和管理物料，并组织水手进行工作的船员

私掠海盗
获得国家许可开展攻击或劫掠敌国商船等活动的海盗，也称私掠者

私掠许可证
授权某人成为私掠海盗（为国家效力）的官方信件

西班牙美洲殖民地
指墨西哥和加勒比海周围的主要海岸等地，在十六七世纪时由西班牙人控制

许可
正式授权做某事或拥有某样物品

医院骑士团
最初是十字军，但后来也参加了海盗行为的中世纪士兵

种植园
种植经济作物的大型农场，比如糖料作物种植园

总督
掌管某个特殊区域的官员

走私
在不缴纳关税的情况下把物品悄悄带入国内

索引

A
阿尔及尔 10, 13, 18
阿兹特克 20
爱德华·蒂奇（黑胡子）22, 23, 26-27, 49
爱德华·英格兰 40
爱尔兰 9, 10, 19
爱尔兰海盗 10
安妮·波妮 34-35
奥克拉科湾 22, 27
奥朗劳特人 41
奥斯曼帝国 11, 18

B
巴巴里海盗 6, 8-15, 19, 48
巴巴里诸国 9, 14, 19
巴沙洛缪·罗伯茨（黑色准男爵）46-47
绑架 4, 13
保护费 57
北美海盗 38
本杰明·霍尼戈尔德 36
避风港 14, 23, 36, 40, 43, 52
鞭打 32, 33
冰岛 9, 19
波托韦洛 23
布吉海盗 52
布兰基亚 23

C
残疾的海盗 5, 30
舱底 28
侧倾 58
查尔斯·韦恩 22, 23, 32
查尔斯镇 22, 27
朝鲜海盗 7, 51, 54
惩罚 5, 30, 32-33, 57
船底拖曳 32
船长 18, 30, 32
船只 48-49
村上海盗 53

D
大帆船 4, 21, 49, 50, 51
大西洋 6, 20, 47
单桅纵帆船 27, 48
盗贼岛 52
的黎波里 10, 13
地中海 6, 7, 8-15, 19

东印度公司 38, 41, 42
渡鸦 38

F
法国 10, 20, 24
放逐 4, 22, 23, 27, 30, 32, 40
飞天盗团 36
斐迪南·麦哲伦 50
分赃 18, 30, 57
弗朗西斯·德雷克 22, 24
俘虏 7, 8, 9, 10, 15, 16, 30

G
格蕾丝·奥马利 10
古代的海盗 4, 7
过冬 14, 17

H
海盗的黄金时代 4, 5, 6, 40
海盗的生活 28-29
海盗法典 30
海盗共和国 36
海盗环线 40, 42, 43
海盗生意的规则 18, 30, 55, 57
海盗投资 18, 38, 59
海难 22, 32
海上达雅人 41
海上乞丐 24
海洋领袖 18
汗刑（惩罚）32
豪尼尔·戴维斯 47
荷兰 19, 20, 24, 38
黑海 7
亨利·埃弗里 36, 40, 43
亨利·摩根 23
亨利·詹宁斯 36
红海 40
划船奴工 15, 16-17, 48
黄金 20-21, 22, 23, 24, 38, 40, 43, 51
火枪 14

J
基督教海盗 9, 11, 13
加勒比 6, 7, 20, 22-27, 35
绞刑 22, 23, 32, 36, 49
节（速度）48

K
卡塔赫纳 23
坎侯吉·安格尔 40
科孚岛 13
克里斯托弗·哥伦布 20
库拉索 23
快艇 7

L
拉古莱特 13
莱克汉姆 23, 35, 36
濑户内海 53
兰特湾 43
勒班陀海战 11, 18
里海 7
烈酒 58
猎头者 41
留尼汪 40
陆上生活 58-59

罗伯特·梅纳德 22，27
罗德岛 11，13
罗谢堡 23

M
马达加斯加 40，42，43，59
马可·波罗 41
马拉塔 40
马尼拉大帆船 50，51
玛丽·里德 34-35
曼德海峡 40
毛里求斯 40
美国 19
摩西律法 33
木腿 5

N
拿骚 23，36
农布雷德迪奥斯 23，24
奴隶 9，10，11，15，24，25，48
奴隶市场 16
女海盗 10，34-35，56-57

P
皮特·海恩 22，24
婆罗洲 41
葡萄牙 38，53

Q
旗帜 44，45
乔治·洛瑟 23

R
让·邦坦普斯 23
让·弗勒里 20，23
人质 27
日本海盗 7，51，53，54

S
塞翁乔格 41
桑加海盗 40
烧烤海盗 25
圣玛丽岛 43
史蒂芬·迪凯特 10
赎金 7
双桅纵帆船 48
私掠海盗（私掠者）4，6，8-19，20，21，23，24，25，27，41
私掠许可证 25，43
斯蒂德·邦尼特 49
索马里 7

T
太平洋 6，50
藤壶 32，58
突尼斯 10
图拉吉·安格尔 40，41
托尔图加 23，25
托马斯·卡文迪什 50
托马斯·图 40，43

W
瓦斯科·达·伽马 38，40
弯刀 9，14
汪直 53
威廉·基德 40
威廉·詹姆斯 41
维京海盗 4，7
倭寇 49，51，52，53，54-55
伍兹·罗杰斯 36
武器 9，14，27，30

X
西班牙 10，20，21，24，25，49，50
西印度群岛 20，21，47
舷炮 9，45
现代海盗 7
香料群岛 41
小型平底船 15
小型三桅船 48
协议条款 30
新普罗维登斯 23，36

Y
压缩饼干 28
牙买加 23，25，35
亚当·鲍德里奇 43，59
亚洲海盗 54-55
业余海盗 4，38，51
伊斯雷尔·汉兹 26
伊斯帕尼奥拉 23，25
医院骑士团 11，13
意大利 10
印度海盗 7，38，40，41
印度尼西亚海盗 52
印度洋 6，7，38，42-43
印加帝国 20
英国 9，10，19，21，24，36，38
鹦鹉 5
尤利乌斯·恺撒 7
与海盗做交易 43，59
约翰·霍金斯 24

Z
詹姆斯·布鲁克 41
詹姆斯·普兰汀 43，59
张保仔 57
郑一 52，55，57
郑一嫂 56-57
郑芝龙 54
直布罗陀海峡 10
中国帆船 49，51，57
中国海盗 7，49，51，52，54
中国附近海域 51，52-53
罪犯 4，16，25
最早的海盗 4，7